追寻哥伦布的足迹

〔法〕保罗·杜维欧　著

〔法〕莫里斯·波迷埃　绘

孙敏　译

人民文学出版社
PEOPLE'S LITERATURE PUBLISHING HOUSE

著作权合同登记：图字 01-2021-5057 号

Sur les traces des Christophe Colomb
© Éditions Gallimard-Jeunesse, Paris, 2002
text by Jean-Paul Duviols
illustration by Maurice Pommier

图书在版编目（CIP）数据

追寻哥伦布的足迹 / （法）保罗·杜维欧著；（法）莫里斯·波迷埃绘；
孙敏译. —北京：人民文学出版社，2017（2023.1 重印）
　　（历史的足迹）
　　ISBN 978-7-02-012619-4

　　Ⅰ．①追⋯　Ⅱ．①保⋯ ②莫⋯ ③孙⋯　Ⅲ．①哥伦布（Columbus,
Christopher 1451-1506）-传记-儿童读物　Ⅳ．① K835.465.89-49

　　中国版本图书馆 CIP 数据核字（2017）第 071778 号

责任编辑　甘　慧　杨　芹
封面设计　高静芳
内文版式　李　佳

出版发行　人民文学出版社
社　　址　北京市朝内大街 166 号
邮政编码　100705

印　　制　上海盛通时代印刷有限公司
经　　销　全国新华书店等

字　　数　62 千字
开　　本　889 毫米 ×1194 毫米　1/32
印　　张　3.875
版　　次　2018 年 1 月北京第 1 版
印　　次　2023 年 1 月第 4 次印刷

书　　号　978-7-02-012619-4
定　　价　49.00 元

如有印装质量问题，请与本社图书销售中心调换。电话：010-65233595

追寻哥伦布的足迹

目　录

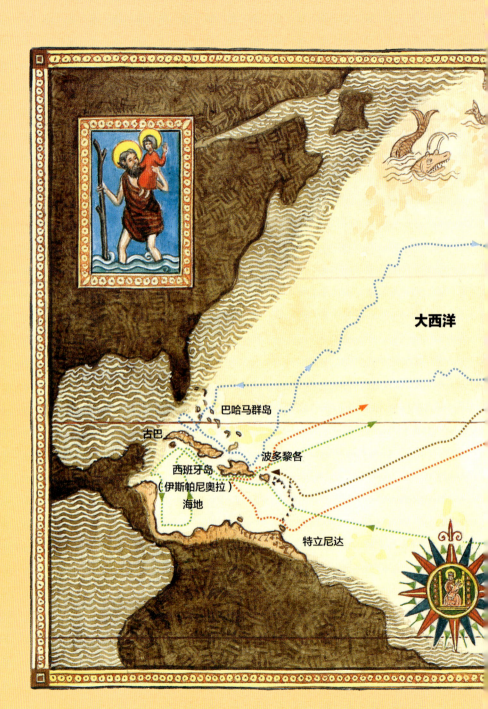

大西洋

巴哈马群岛

古巴

波多黎各

西班牙岛
（伊斯帕尼奥拉）

海地

特立尼达

尔群岛

里斯本

葡萄牙 西班牙

● 塞维利亚

帕洛斯 加的斯

惠拉岛

那利群岛

佛得角群岛

哥伦布的航海地图

　　先后四次出海航行探索"新大陆"：第一次 1492 年，第二次 1493 年，第三次 1498 年，最后一次 1502 年。

- ········· 第一次航行
- ········· 第二次航行
- ········· 第三次航行
- ········· 第四次航行

航海热情

临近**热那亚**港口的一家织布坊后间，明亮的阳光从半开着的窗口照射进来，巴托罗米奥·哥伦布和克里斯托弗·哥伦布两兄弟正趴在桌子上，展开一卷卷羊皮纸细细端详。巴托罗米奥是个**制图员**，他正在对比自己与同行绘制的地图。

"克里斯托弗，过来看！这是我刚花大价钱买回来的**格拉泽奥索·贝尼卡萨**地图，大西洋附近，**加那利群岛**和马德拉岛的位置没什么变化。西边有些新发现……至于南边，我们始终不清楚非洲的尽头在哪儿！"

克里斯托弗也在桌上摊开他买的地图，边看边说：

"巴托罗米奥，非洲的尽头就留给**若昂国王**操心去吧，重要的是西边！看看**克里斯托巴尔·索里格**的**罗盘地图**，

热那亚： 意大利的贸易大港。

制图员： 热衷于制作地图的学者。

格拉泽奥索·贝尼卡萨： 一位来自安科纳的制图员。15世纪的航海图，很多出自他之手。

加那利群岛： 靠近非洲的群岛，由7个岛屿组成。

若昂国王： 葡萄牙国王若昂二世。

克里斯托巴尔·索里格： 同贝尼卡萨一样，是当时著名的制图员。

罗盘地图： 一种标记海岸、洋流与港口的航海图。

巴西利亚岛、七城岛和安提利亚岛都在西边！"

"这倒是！你去过这片海域，你怎么看？"

"我会把它们再画远一点，靠近南边！"

巴托罗米奥点点头，又说道："目前还没人指明这些岛屿离印度或**契丹**有多远。"

"我确定，去印度走这条海路比陆路近得多。我能填补世界地图的空白，完成前人不敢想象的航行，在一个月内穿越大西洋！"

"克里斯托弗，你出发之前，我可以再收集一些资料。但你真的准备横渡大西洋吗？"巴托罗米奥不无担心地问道。

"当然。"克里斯托弗毫不犹豫地回答。

契丹: 马可·波罗以来，欧洲人对中国的称呼。

里斯本: 葡萄牙首都，位于特茹河河口，靠近大西洋。

克里斯托弗·哥伦布刚过而立之年。从 1476 年起，他一直在**里斯本**与圣港岛之间来回奔波，现在刚回到热那亚的父母家看望家人，顺便查阅一些最新的航海文献。

此时，他已经熟知各种船只的属性与海上风险，也数次在地中海航行：北到冰岛，南至几内亚海岸。每次航行都耐心谨慎，一如初航，十年来不曾改变！他

期待有朝一日能完成史无前例的壮举：航行到"**人间
天堂**"！

十年间，葡萄牙的航海家们已经行至赤道：他们的目标是取道非洲大陆，前往印度。但哥伦布认为，去亚洲最理想的航线是西行。这一想法植根于心中，越来越坚定。他读过很多相关著作，如**皮埃尔·戴利**的《世界图志》，**普林尼**的《自然史》，还有**马可·波罗**的游记。他咨询过不少水手，也想方设法查看过

人间天堂：传说中的地方。那时候的圣人认为它位于海外。

皮埃尔·戴利：法国红衣主教（1350—1420年），写过一部地理著作。

普林尼：罗马作家（23—79年）。

马可·波罗：威尼斯商人（1254—1324年），曾到过亚洲，著有《世界见闻录》。

他们手中的罗盘地图。

　　夕阳西下，克里斯托弗与弟弟迭戈驻足于码头，凝望着水手们来来回回地忙着装卸来自世界各地的珍奇货品：希腊的、土耳其的、阿尔及利亚的、利比亚的、埃及的、巴勒斯坦的……还有随处可见的阿拉伯商人和扛着沉重货物的**努比亚**奴隶。看着眼前的一幕幕场景，克里斯托弗开始憧憬遥远的东方口岸，勾画马可·波罗的行走路线……当然，最吸引他的还是位于**赫拉克勒斯之柱**另一端的

努比亚：位于东非。
赫拉克勒斯之柱：古典时代（公元前 5—4 世纪）对直布罗陀海峡的称呼。

大西洋。

克里斯托弗情绪高涨，白日研究航海地图时激发的热情还未消散，他试图说服刚满十六岁的弟弟："再说一次，地球是圆的，就像一个橙子。可能北边微微凸起，像女人的乳房。总的来说，它是圆的……"

"克里斯托弗，你居然相信一个**希腊老疯子**说的话……对不起，我的意思是希腊人的确很有智慧，但你要知道那是两千年前，那时候没有任何测量仪器，他们怎么可能知道地球长什么样？我敢说，没人做得到！而且，地球要是圆的，那么大西洋的海水会溢出来，淹没不少地方……"

克里斯托弗心中苦涩，他竭力平静下来，重申他曾多次跟**质疑者**们说过的理由：

"古人确实没有很多测量手段，但他们懂得观察和计算！你做过海上**信号员**，相信你也发现了地平线是一条弧线，而不是直线！另外，你也看过地球在月亮上留下的阴影……迭戈，总之我非常肯定地球就是圆的！不但是圆的，我还知道这个橙子的大小，它比葡萄牙的皇

希腊老疯子：这里指的是厄拉多塞，古希腊天文学家，生于公元前 275 年，他对地球形状的推测很接近事实。

质疑者：不相信地圆说的人。

信号员：负责观察海情的船员，通常站在高高的柱子上。

家学者们所推测的小！"

夜幕降临，群星在天空中闪烁。克里斯托弗继续呢喃着，仿佛自言自语："**约翰·德·曼德维尔**曾说过，没什么能阻挡人类环游世界的脚步……"

"你相信曼德维尔的记载？据我所知，他可从没有环游过地球！"

"曼德维尔的记载确实有可疑之处，马可·波罗的游记你总不会质疑吧。他去过波斯、鞑靼、契丹，还觐见过**大汗**！他到过的很多地方，有些地方时至今日还不为人所知。我有他的游记，里面记载了数不清的奇闻逸事……他提到印度和契丹东边是一望无际的大海。那片大海只可能是大西洋，海上岛屿众多，最富有的**西潘古群岛**……"

"一不小心你就会迷路！"迭戈笑着回应。

"也许吧。你还年轻，要学的东西还有很多呢。难道你真的不想找到那些满地黄金、珠宝和香料的岛国？"

"我当然愿意追随你。不过，船、船员在哪儿？你的计划，恐怕整个热那亚没人理会，**威尼斯**也一样……听

约翰·德·曼德维尔：
14世纪游记作家，记述在黎凡特、中东的旅行经历，其中不乏真实性。

大汗：忽必烈汗，蒙古王，曾接见过马可·波罗。

西潘古：日本旧称。

威尼斯：临亚得里亚海的贸易港口，当时与热那亚是竞争对手。

巴托罗米奥说，可能只有葡萄牙人有兴趣。你打算寻求国王的保护与资助吗？"

"迭戈，我会尽我所能，哪怕前途艰难也要试试！我在里斯本待过五年，我第一次指挥航行就是在那儿。"

"也是第一次遭遇海难！"迭戈语带戏谑。

克里斯托弗静默不语。过往的海上探险经历不堪回首，他的船曾被法国舰队击沉，最后不得不只身游回岸边。而且，这样的航海究竟是为了贸易还是为了**劫掠**，他也说不清楚。

劫掠：在海上或港口实施抢劫。

装备：为船提供各种配备。

迭戈又语重心长地说："筹备这样的航行需要时间！**装备**船只需要钱，船要足够大才能运载黄金、丝绸、姜、桂皮、

丁香……"

"迭戈，你说得很对！时不我待，地图上已经没什么新发现了。我得说服葡萄牙国王。可能得不到支持，也可能招人嫉恨，但我决心贯彻神的意志。只要给我一艘船，我就能向西航行到印度！"

地图绘制术，作为一门科学，在 15 世纪末得到长足发展。图上有些岛屿或陆地的位置很模糊，也许来自神话传说，如圣布莱登岛、巴西岛或安提利亚岛。1492 年，马丁·贝海姆绘制出第一张世界地图。

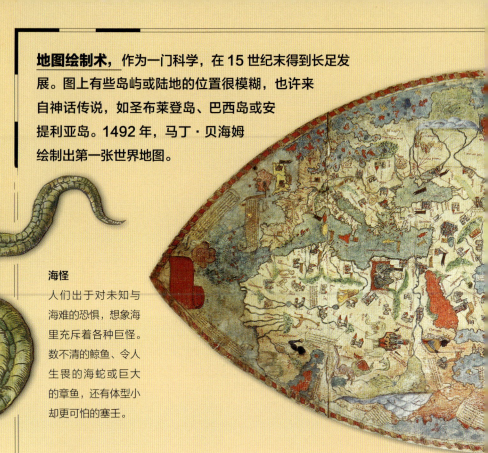

海怪

人们出于对未知与海难的恐惧，想象海里充斥着各种巨怪。数不清的鲸鱼、令人生畏的海蛇或巨大的章鱼，还有体型小却更可怕的塞壬。

海蛇

胡安·德·科萨地图

胡安·德·科萨

领航员，天地学家。这张地图他于 1500 年左右绘制完成。我们可以看到，左边是安的列斯群岛、古巴和海地－圣多明各，还有墨西哥湾和委内瑞拉的大致轮廓。再往西，画的是背基督过河的圣克里斯托弗。

"时不我待！地图上已经没什么新发现了。"

托斯卡内利的帮助

哥伦布有意大利人保罗·托斯卡内利绘制的地图复本。地图证明阿拉伯宇宙学家阿尔·法罕尼的测量是正确的。哥伦布由此确信欧洲与亚洲海岸的距离并不远，可以快速到达。托斯卡内利给哥伦布写过一封信，鼓励他坚持这一"伟大而高贵的事业"。

保罗·托斯卡内利地图

人间伊甸园

地图上，它位于遥远的地方。哥伦布却相信它并不远，经奥里诺科河往恒河（即传说中天上的河），就可以到达。印度人个个生得很美，裸露着身体，就像原罪之前的人类。

15世纪的《人间伊甸园》

有点疯狂的计划

葡萄牙国王阿尔封斯五世1481年过世。在政期间，他一直密切关注叔叔**航海家亨利**的探险之旅。继位的若昂二世为人亲和，有良好的教养与学识，愿意接见并用心聆听航海家们的提议。他希望将基督教传播到更多地方，曾在王宫招待埃塞俄比亚、几内亚以及其他非洲国家酋长的孩子。

在热那亚短暂停留之后，克里斯托弗·哥伦布重回里斯本。虽然他更习惯在甲板上而非在陆地上生活，但里斯本是他最可能得到支持的地方。

他自信满满地求见国王的顾问，阐述自己的计划。不过，只有亲自说服国王才能得到船只和**委任**，横穿**西海**，抵达亚洲。终于，国王决定接见他——他的机会来了！

若昂国王态度亲切，但不留余地地

航海家亨利： 葡萄牙王子，又是著名的航海家（1394—1460年），多次组织葡萄牙船队，行至非洲进行探险活动。

委任： 国王为发现或征服新领地特别授予的权力和职务。

西海： 即大西洋。

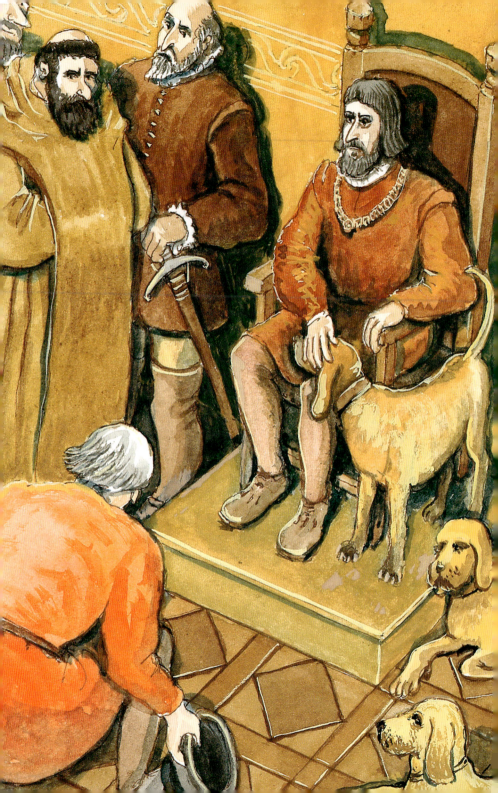

拒绝了他："哥伦布阁下，**数学家委员会**详细评估过您的计划。您知道，我对他们相当信任。他们的结论是不支持！

他们认为您提出的航行是不可能实现的，途径那些岛屿到达印度需要六个月。我们近年来也在思考这个问题，最终放弃了。"

"陛下，请您三思。这是一条新的贸易航道，也是您拓展疆土、传播基督福音的航道。根据我的计算，整个航行只需一个月！"

"我理解并欣赏您的坚持，但我决定采纳顾问团的意见。再说，我已决定继续派船只前往非洲。两个方案我只能选择其一。我不认为西海'小'，它远比您想象的辽阔！我拥有一群能力卓越的领航员，他们将成功绕过非洲，到达亚洲。好了，您退下吧。"

哥伦布深受打击，但不露声色地离开了。祸不单行，他六年前在马德拉岛迎娶的妻子——圣港岛总督之女费丽芭突然过世。真是流年不利！哥伦布带着刚刚五岁的儿子小迭戈秘密离开葡萄牙。兄长巴托罗米奥则被说服，留在了里斯本。一走了之，只会让国王彻底遗忘这件事。留下一人，尚有转机！

克里斯托弗在帕洛斯上岸，在韦尔瓦（大西洋边上的一个西班牙港口）待了一段时间，住在亡妻的姐妹家中。

圣方济各派： 天主教的教派之一，信奉耶稣的圣徒方济各。

他结识了不少人，不断寻求资助。有人建议他去位于海边的涅夫拉省拉比达的**圣方济各**修道院。

马切拉神父接待并认真听取了他的计划。神父初听觉得有点不切实际，但几周过后，就被意志坚定的哥伦布说服了。他说："孩子，我知道你愿意投身宗教事业。你渴望航海，是要让等待洗礼的异教徒皈依我教。"

"神父，感谢您的信任。小迭戈在这里得到了最好的教育。我保证，我所做的一切绝不会违背圣方济各的训示！"

"我也有私心，我相信你的计划来自神的旨意，是神指派你来的！尊贵的公爵大人梅迪纳·塞里对此很有兴趣，你可以去**塞维利亚**见他，他手中握有一支商队。"

塞维利亚：西班牙南部安达卢西亚地区的首府，位于瓜达尔基维尔河下游的商业港口。

"梅迪纳·塞里会接受我的条件吗？"哥伦布低声自语。

他冲神父微微点头，说道："我虔诚地信奉圣方济各，他给我力量，让我怀抱希望前行！"

"很高兴你出发前，能在这里待一段时间。"

哥伦布继续完善他的计划，研读天地学的相关著作，研究各种地图，特别是托斯卡内利地图。这份地图与他对世界的认知很吻合。

然而，在修道院的时光似乎太漫长。一接到梅迪纳·塞里公爵的邀请，他就兴奋地接受了。

他在公爵府邸住了十年。公爵被他富有感染力的话语打动，准备组织船队……但哥伦布雄心勃勃，想让航海之旅反响更热烈，也想借此获得更大的利益与更高的头衔，他想争取**阿拉贡国王和卡斯蒂利亚女王**的支持。

斐迪南和伊莎贝尔四处辗转，宫廷也一再迁移。他们正在对格拉纳达的**摩尔王朝**发动最后的进攻。他们大部分时间住在科尔多瓦。哥伦布正好也在那儿，得以结识卡斯蒂利亚的首席财政官——阿隆索·德·坤达尼亚，财政官很赏识他。

"哥伦布阁下，我们还需仔细商议您的计划。您告诉我至少需要三艘船。这问题不大，但要得到陛下的允许。"

"我迫切希望觐见陛下。"

"您得先得到**大主教**佩德罗·冈萨雷斯·德·门多萨的支持。我向他提过您。他被称作'第三位国王'，是陛下最倚重的人！"

后来，哥伦布成功说服主教，被召入宫觐见，但结果却是无尽的失望与羞辱！斐迪南国王言谈冷淡，不为所动。唯有伊莎贝尔女王态度亲切，认真倾听完他的计划。

阿拉贡国王和卡斯蒂利亚女王：西班牙历史上著名的天主教双王，阿拉贡国王斐迪南二世和卡斯蒂利亚女王伊莎贝尔一世。

摩尔王朝：格拉纳达王朝是15世纪末西班牙境内最后一个穆斯林占领区。

大主教：教会中有权势的人。

哥伦布后来在给女王的信中，满怀感激地写道："所有人都嘲笑我，只有女王陛下您，一如既往地支持我。在您身上，我看到了圣灵的光芒。"

哥伦布没有放弃，自1487年起，在与摩尔人的战争中，一直衷心追随王室：先是在马拉加，随后到科尔多瓦（在那里遭遇瘟疫），之后前往萨拉戈萨过冬。第二年，又迁到巴利阿多里德。

在这期间，两位国王一度忘了哥伦布的存在。他的计划由王室学者负责审核，但学者们似乎不急于给出定论。

哥伦布重回科尔多瓦，等待答复。却杳无音讯！幸好，他遇见了贝阿特丽丝·阿亚纳，这个年轻的姑娘一直在他身边鼓励他，陪伴他度过抑郁的时光，还为他生下了次子费南多。

哥伦布不想遥遥无期地等下去，决定重新争取葡萄牙国王的支持。

1488年，若昂二世再次拒绝了他。葡萄牙船队正好在前一年到达非洲最南端，航海家巴尔托洛梅乌·迪亚士首次绕过**风暴角**。从此，经由非洲绕行至印度不再是梦想，

风暴角：非洲最南端的岬角，现在称为好望角。

葡萄牙人打通了前往亚洲的海上之路！哥伦布知道，不可能得到若昂二世的支持了。他只能另寻出路，向哥哥巴托罗米奥求助："英格兰国内的战火已经平息。亨利七世肯定会接见你。看看他是否有兴趣。万一遭到拒绝，只能靠你游说法国王室了。"

巴托罗米奥奔走一圈，带回来的仍是坏消息："太令人失望了！英王显然另有打算，而且他国库空虚，拿不出钱！法国**女摄政**安娜·德·博热对天地学说很感兴趣，让我画了不少海上地图，但最后还是一无所获！"

女摄政：王室成员，在国王年幼时主理朝政。

"至少试过了，"哥伦布伸出手拥抱哥哥，"命运

还是把我和科尔多瓦紧紧系在一起，以及我的爱人贝阿特丽丝。再过一年，也许两年，我一定能说服斐迪南和伊莎贝尔！"

15世纪末16世纪初时，**基督教在西班牙**的政治与道德领域占有绝对地位。宗教活动支配着人们的日常生活。

塞维利亚大教堂的基督像

政治地位

政治权力得到教会的支持。托勒多大主教佩德罗·冈萨雷斯·德·门多萨是天主教王的顾问；佩德罗·德扎是女王的忏悔神父。

> **"我相信你的计划来自神的旨意，是神指派你来的！"**

杰作

文艺复兴与巴洛克时期的西班牙艺术，带有明显的宗教色彩。这个具有强烈现实意味的雕塑——《十字架上的基督》就是著名雕塑家蒙塔内斯的作品。

惩罚

宗教裁判所对异教徒施行的刑罚是：公开弃绝（认罪），继而举行火刑判决仪式（一种痛思悔过的宗教仪式），最后执行火刑。

哥伦布，"背负着基督的人"

这里是哥伦布的签名。前三行分别代表 Sanctus, Sanctus Ave Sanctus,Xristofore Maria Yoannes（克里斯托弗·玛利亚·尤阿娜）。最后一行意为"背负着基督的人"。

塞维利亚大教堂：其中包含一座古老的清真塔。

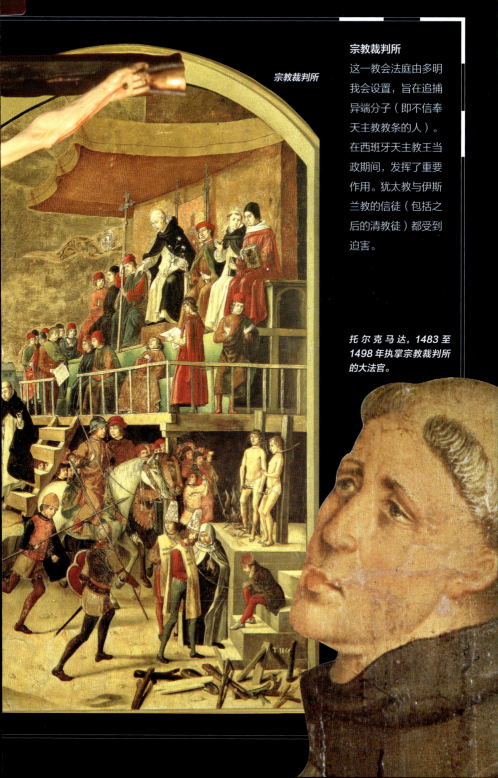

宗教裁判所

宗教裁判所

这一教会法庭由多明我会设置，旨在追捕异端分子（即不信奉天主教教条的人）。在西班牙天主教王当政期间，发挥了重要作用。犹太教与伊斯兰教的信徒（包括之后的清教徒）都受到迫害。

托尔克马达，1483至1498年执掌宗教裁判所的大法官。

哥伦布与天主教王

克里斯托弗·哥伦布一直与西班牙王室保持接触，但始终未得到明确答复。直到 1490 年，卡斯蒂利亚的学术委员会经过反复商讨，做出裁定。决议如下：

"对于此项缺乏有力实证且难以实现之提议，陛下可不予采纳……"

该委员会的委员长是女王的忏悔神父赫尔南多·德·塔拉维哈。他对地理一无所知，固执地认为上帝早已规定了世界的边界，任何跨越边界的行为都是犯罪！在他眼中，航海计划就是新出现的**异端邪说**，应接受**宗教裁判所**的审判！

哥伦布并未因此放弃，他的坚毅打动了一批有影响力的人物，但所有人都持观望态度。王室给予他一笔生活资助，因此他认识了阿拉贡的财政官——路易·德·圣安格尔，后者告知他，他的提案正在被重新审核。哥伦布显示出强烈的个性，抱持坚定的信念，以出众的口才，四处游说。他相信自己所做

异端邪说： 与天主教教义相悖、极端危险的思想或行为。

宗教裁判所： 宗教法庭，在当时的西班牙大力追捕信奉犹太教及伊斯兰教的信徒。

的一切出自上帝的旨意！

1491 年，他再次被学术委员会拒绝，毫无挽回的余地。一年又一年，他眼睁睁地看着梦想擦肩而过。他向多明我会的修士、时任**亲王**教师的迭戈·德·德扎吐露："我已尽力争取，即便有你支持，提案还是无法被王室的天地学家接受，恐怕不能再指望西班牙了。如今，我的哥哥巴托罗米奥在法国受到热情款待，我想我应该去一趟法国，争取女摄政的支持。"

德扎很清楚哥伦布的为人，一旦做出决定就不会改变。他还是尽力劝说朋友打消这个念头："我知道你很失望，但不要放弃！至少现在不能放弃！我会继续支持你！很快，格拉纳达将被攻克，那些**异教徒**将离开西班牙。而您，很快就能动身前往印度！"

终于，第二年 1 月 2 日，统治格拉纳达多年的**巴布迪尔王**向天主教军队投降。西班牙**光复运动**结束，格拉纳达的摩尔王朝宣告终结，哥伦布亲眼见证了这一天的到来。德扎的预言成真。

哥伦布重拾信心，请求面见驻扎在

亲王：国王子女中年纪较幼的王子。

异教徒：非天主教徒，此处特别指伊斯兰教与犹太教的信徒。

巴布迪尔王：摩尔王朝最后一位国王，于 1492 年 1 月 2 日将统治权移交给天主教王。

光复运动：自公元 8 世纪起，西班牙北部的基督王国与南部（安达卢西亚）伊斯兰王国之间的战争长达数百年。

格拉纳达近郊圣达菲的国王。他问路易·德·圣安格尔："您是否相信基督教会取得彻底胜利，令东方民族皈依？"

"当然，哥伦布阁下，两位陛下制定了传播天主教的伟大计划。他们决意驱逐拒不信奉我教的犹太人与穆斯林，准备不惜一切代价解放**圣地**！"

"西班牙将迎来荣耀时代，希望我能贡献绵薄之力。"

圣安格尔坚信哥伦布能完成海上远征。毫无疑问，这是一次以生命为赌注的冒险。哥伦布上呈航海计划后，圣安格尔借着国王的信任，为好友说情："陛下，上帝选中了西班牙，您的荣光将在大洋彼岸闪耀！它也将带给您丰厚的利润。葡萄牙人已在海上贸易中领先，资助哥伦布，对您有百利而无一害。"

斐迪南面带愠色，从王座上起身："**神学家**和学术委员会一再反对，那个自命不凡的热那亚人居然还不死心！"

> **圣地**：巴勒斯坦地区，尤指耶路撒冷。耶稣基督曾在这里生活。
>
> **神学家**：研究宗教史、阐释宗教教义的学者。

伊莎贝尔女王的态度正好相反，她对哥伦布无畏的精神和高尚的灵魂大加赞赏："我认为哥伦布阁下具有做大事的才能，他能实现远征计划，为西班牙和基督教世界带来福音。"

斐迪南来回走动，犹豫不决："夫人，我承认哥伦布是个人才，他提出的论据很有说服力，不是不可以资助他。但你想想他提出的要求。首先，要授予他'海军元帅'的称号。多么可怕的虚荣心！其次，一旦发现新大陆，我们要任命他为总督。除此之外，他还要以个人的名义占有所得黄金、珠宝及其他财富的十分之一！夫人，你不觉得他一心为自己谋利？更过分的是，他居然要求这些权利**世袭**！"

世袭: 由父亲传给儿子。

伊莎贝尔不能独断，更何况丈夫所言不无道理。她只能遗憾地任哥伦布离开。

哥伦布心情沉重地骑着骡子，回到科尔多瓦。他决定动身去法国！

得知他再一次被拒绝，圣安格尔仍不放弃，继续劝说国王："陛下，您说的不无道理。我也知道，与异教徒的战争耗费了朝廷大部分的财政收入。但前往西潘古的远征队只需要三艘船，支出很小。只要您允许，我愿意负责筹措资金，由银行家贝哈尔迪从旁协助。哥伦布失败，我们没什么损失；一旦成功，就是一本万利！绝不能让法国抢占先机。"

　　伊莎贝尔女王见丈夫开始动摇，也说道："如果资金不够，我可以**抵押**所有的首饰！它将是我做过的最好的投资！"

抵押：以财物担保。

　　斐迪南吃惊地转过头来："夫人，我知道为了圣教的荣光，你一往无前，但不必做这样的牺牲。"

德扎却因伊莎贝尔女王的果决，敬重之意更甚，开口道："正是因两位陛下英勇无畏、不懈作战，西班牙全境才得以解放。如今，整个基督教世界都把目光投向这里。您应该争取全面、彻底的胜利，征服整个世界！"

斐迪南重新坐回去，看着伊莎贝尔："夫人，你看呢？不如先召回哥伦布，至于他那无边的野心，以后再说……"

女王微笑点头，当即召来信使。信使纵马追赶，在距格拉纳达两**法里**的松桥上，追上哥伦布，并告知来意："阿拉贡国王与卡斯蒂利亚女王陛下，决定再次召见您。"

法里：法国以前的长度单位，1法里约合4公里。

哥伦布先是愣了一下，随即醒悟过来：他的机会终于来了！他再次前往圣达菲营地，等待女王召唤。

请记住这一天，1492年4月19日，在格拉纳达，出身卑微的热那亚裁缝之子成为一名卡斯蒂利亚的贵族，钟爱冒险的海员受封为上将！

1492 年，**光复运动结束，**西班牙全境解放。1月2日，位于安达卢西亚格拉纳达的摩尔王朝覆灭。在天主教王看来，国家统一的基础是宗教统一。这促使他们不断驱逐犹太人与摩尔人。

摩尔贵族

驱逐犹太人

因受到迫害，不少犹太人已改信基督教。1492 年，天主教王下达最后通令："自愿皈依基督教的犹太人可留在境内，其他人必须在六个月之内离开，滞留或返境者处以死刑。"

摩尔人

自 8 世纪起就定居于西班牙，留下了悠久的文化。由于基督徒发起的光复运动，于 1492 年在格拉纳达结束。1501 年，穆斯林面临两难选择：要么改信基督教，要么被西班牙驱逐出境。

西班牙境内的犹太人

天主教王

卡斯蒂利亚女王伊莎贝尔一世与阿拉贡国王斐迪南二世在战争中取胜，得以统治西班牙全境。

阿拉贡的斐迪南与卡斯蒂利亚的伊莎贝尔

巴布迪尔王

他四处结盟，与基督教世界为敌。他居住于 13 世纪建成的阿尔罕布拉宫。

当时伊斯兰的建筑、器具和武器无不展现出精妙的艺术。

巴布迪尔王的佩剑

"格拉纳达的摩尔王朝宣告终结，哥伦布亲眼见证了这一天的到来。"

1492 年格拉纳达：摩尔王朝的国王递交降书

格拉纳达战争

战争持续十年，战况激烈，西班牙王室投入了大量财力。1492 年 1 月 2 日，巴布迪尔王递交降书。哥伦布见证了这一历史时刻。

全面胜利

天主教王顺从贵族，组建宗教裁判所。他们的疆土也将拓展至美洲。

伟大的启航

　　小小的帕洛斯港口熙熙攘攘，**人声鼎沸**。随处可见行驶的马车、流动的商贩。

　　岸边停靠着三艘帆船，几十个水手正在搬运出海物资：淡水、红酒、醋、饼干、咸鱼、大米、面粉。显然，这将是一次漫长的航行。若你问他们驶往何处，却没人说得上来。

　　罗德里格，自小在塞维利亚郊区长大，轻快地登上了平达号，眉宇间丝毫不见远航亚洲的忧虑。他跟还在码头的朋友胡安·尼农说道："你再多讲点我们的船长——海军元帅的事吧。皇家那些人跟在他身边，说话、行事都恭恭敬敬的，我看他来头一定不小。你好像对他信心十足，但他六年都没出过海了。再说，至今还没人能从西边航行到西潘古或契丹！"

　　胡安·尼农，**卡拉维尔帆船**尼娜号的主人笑了笑："这次航行确实有点悬，

人声鼎沸：形容人群骚动、兴奋。

卡拉维尔帆船：一款盛行 15 世纪的三桅帆船，当时的葡萄牙和西班牙航海家普遍采用它来进行海上探险。

不过阿隆索·平松向我保证，元帅其实早就成竹在胸，只是不想让太多人知道。"

"说清楚点！"

"好吧，不过你别告诉其他人。哥伦布元帅，噢，对了，他希望别人就叫他元帅，元帅从韦尔瓦的一个船员口中得知，西边不远处有很多漂亮的岛屿。这个船员好像叫桑切斯，和妻子在马德拉群岛时，有一次出海时被风暴带到西边……"

"塞维利亚、韦尔瓦叫桑切斯的太多了。怎么找到他的？"

"他死在元帅怀中，船上所有的人都死了，死前形容枯槁。"

"原来是这样……那'西边不远处'是什么意思？到底有多远？"

"按照我的理解，就是二十多天能到。"

码头另一端，马丁·阿隆索·平松站在木桶上，不厌其烦地动员水手："来吧，朋友们！人生难得一次的机遇到了。我们还差十二个水手，机不可失！在终点，迎接你们的是天堂，是美妙的城市！那里有金砖垒起的房子，有琳琅满目的商品，还有丝做的衣服、扑鼻的香料！

你们将满载而归，名利双收！"

类似的话罗德里格听了不下十遍，他立刻大声附和："哥伦布阁下出海多年，经验丰富！他去过北边的海洋，也去过几内亚湾……"

"他还熟知葡萄牙的地图绘制术，对海上的**风向**也了如指掌，"胡安·尼农接着说道，"我们还有胡安·德·科萨、马丁·阿隆索·平松和文森特·扬内兹·平松这样经验丰富的航海家！科萨甚至献出了他的大帆船**圣玛利亚号**！你们还在等什么？监狱还是荣誉，怎么选显而易见。"

风向：在那时的海上航行，对风向的掌握至关重要，几乎可以决定船队的生死。

圣玛利亚号：是当时盛行于地中海的一种远航帆船，在哥伦布的船队中充当旗舰。

"监狱？"

"你没听说吗，就在不久前，有一半战败的雇佣兵被关进了监狱，想重见天日只能上船！法律规定，出海才能得到赦免。"

"强盗和杀人犯也能做水手？"

"怎么不行？至少他们的双眼充满渴望，而且体魄强健！"

1492年，8月3日，星期五，清晨。三艘海船载着近百名水手扬帆起航，它们是卡拉维尔帆船平达号、尼娜号和挂着海军元帅旗的大帆船圣玛利亚号。准确地说，船上除了九十名船员，还有哥伦布的亲友以及几名皇家官员。罗德里格·德·艾斯克维多，女王代表，任公证员；佩德罗·桑切斯·德·塞戈维亚迭戈·阿亚纳，**审计官**；迭戈·阿哈纳，**警长**；佩德罗·古铁雷斯，负责记录船队日志；路易斯·托尔，船队的随行翻译，精通希伯来语和阿拉伯语……

审计官：王家官员，负责验对货品、审核账目。

警长：维持治安，可配枪。

犹太教信徒：1492年天主教王强迫犹太人改信基督教，否则驱逐出境。

愿意以身犯险加入进来的水手，有不少人都是走投无路的，其中就混入了三十多名**犹太教信徒**，他们想趁机逃脱宗教审判。但船队里没有基督徒。

天刚亮，岸边目送他们远去的人寥寥无几。船队先向南沿非洲西海岸，驶

向加那利群岛。加那利群岛包括七个岛屿，是卡斯蒂利亚的属地。

随后，整个船队依靠**信风**向西航行。哥伦布知道信风往哪个纬度吹。但到达信风带之前，他们要逆风行驶，航行异常艰难。

航行没多久，平达号的舵离奇受损，无法掌控方向。这可不是一艘老旧的船！是否被人恶意破坏？哥伦布似乎也不乏对手或仇敌。种种迹象显示，有人认为他目中无人，而且他晋升太快，又深受国王赏识，不免招来嫉恨。此外，教会的立场摇摆，而且葡萄牙人也不乐意看到他凯旋。

平达号首先在**戈梅拉岛**安全靠岸。船队即将驶进大西洋，他们决定原地休

信风：此处指自东向西吹的风。

戈梅拉岛：加那利群岛中的一岛。

整，顺便补充淡水。尼娜号的拉丁帆（即三角帆）则换成更适合顺风行驶的方形帆。

哥伦布在岛上停留的时间比预期长，水手们纷纷猜测他爱上了当地总督的女儿。

9月6日上午，真正的冒险开始了，船队进入神秘莫测的大西洋。大部分船员信心十足，少部分人忧心忡忡。哥伦布再次许下宏愿。

强悍勇猛如罗德里格，也不禁想起关于大海的各种恐怖传说，想起水手们口耳相传的海上庞然大物：大章鱼、巨鲸、海蛇……在它们面前，即使是圣玛利亚号这样的大帆船也脆弱如稻草。不仅如此，还有呼啸的风暴、雷电、

摧毁一切的龙卷风，遇上**无风期**更糟糕，

无风期：完全不刮风的一段时期。

船队数日甚至数周都动弹不得。他拼命

告诉自己，这些都是夸张的道听途说，想赶走脑海中可

怕的想象，但无济于事。

  俗话说："来自远方的谎言难知真假。"的确有很

多人一去不复返。

  两天过去了，海上风平浪静，船队顺利前行，没有

任何打破平静生活的意外发生。

卡拉维尔帆船是地理大发现时期的航船。它速度快，易于驾驶，尤其适合远洋：不仅能抵御暴风雨，还能迅速驶出浅滩。

圣卢卡尔·德巴拉梅达港

出海港口

16世纪时，探险船队常常从两个大西洋港口出发：一是位于瓜达尔基维尔河口的圣卢卡尔·德巴拉梅达港，一是加的斯港。哥伦布第二次远航时，就选择在加的斯港整编17艘卡拉维尔帆船，带领近2000人出海。

卡拉维尔帆船的类型

图中所画即16世纪的卡拉维尔帆船。当时，有两种卡拉维尔帆船：一种是拉丁卡拉维尔帆船，使用三角形拉丁帆；一种是圆帆卡拉维尔帆船，有三根桅杆，两根挂方形帆，一根挂拉丁帆。

塞维利亚

意义重大的港口城市，也是通往新世界的商业与海事中心。船队从瓜达尔基维尔河口出发，再淘金归来。其时，城市人口高达 30 万。

"两天过去了，海上风平浪静，船队顺利前行……"

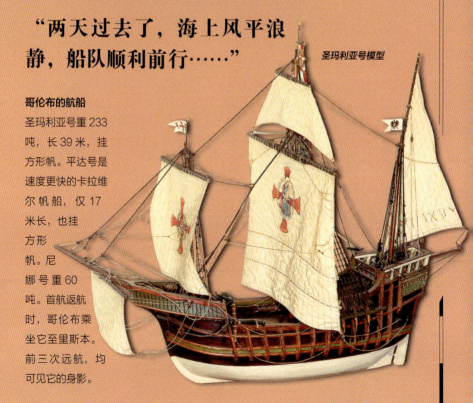

圣玛利亚号模型

哥伦布的航船

圣玛利亚号重 233 吨，长 39 米，挂方形帆。平达号是速度更快的卡拉维尔帆船，仅 17 米长，也挂方形帆。尼娜号重 60 吨。首航返航时，哥伦布乘坐它至里斯本。前三次远航，均可见它的身影。

大西洋上

哥伦布立于圣玛利亚号船尾，密切关注海上动向，不知疲累。十天了，一切顺利。但他知道，不会一直如此。要冲破种种难关，必须有铁一样的纪律。他严格要求船员，并且说一不二，不容推诿。

夜里，他待在船员舱里写航海日志。他觉察到航行时间比预期长，可能招致船员不满，就故意把当天的里程缩短，告知船员。实际的**航节**则记在另一个笔记本上。

9月16日，船队驶入海草遍布的海域。大片绿色植物堵塞海面，船只无法前行。船员们交头接耳，惊惶不已，有人甚至提出返航。

航节：航海通用的速度计量单位，1航节=1海里/小时。
海草遍布的海域：又称为"马尾藻海"，在安的列斯群岛东边。

远航时，维持船队秩序尤为艰难。船员们挤在阴暗、闷热的船舱里，睡着坚硬的木板床难以入眠，打架斗殴是家常便饭。

水手常常向随船医生阿隆索抱怨："再这么下去，说不定哪天我就走不动，要你照看我了！整天又饿又渴，还

得扯着嗓子喊，再强壮的男人也受不了！"

"马丁内斯，我们的补给很充足。你昨天还喝了葡萄酒，喝得比谁都多。别跟我说，你怀念监狱里的食物！"

"他们保证我会过得像个王子！结果呢，葡萄酒酸涩刺喉，我喝一口就吐了。桶里的淡水散发出阵阵恶臭，弄得我不得不喝海水，喝完整晚都不舒服！"

"跟你说过多少次，海水会灼伤体内器官！"

胡安·马丁内斯，和大多数船员一样，来自安达卢西亚。他不愿被关在塞维利亚肮脏的囚室里，便跟随船队前往未知的世界探险。这样的机会来之不易，不过在他看来，再动听的道理都比不上一块发霉的饼干。而且疾病开始蔓延。

最令他们害怕的不是发烧说胡话，而是**痢疾**。对此，药剂师迭戈束手无策。无论身体多强壮都可能染病。一旦染病，只能听天由命。

痢疾： 一种导致腹泻的疾病。

"阿隆索，别跟他计较，进来玩！我们就快有钱了！"船员们守夜时，都爱偷偷玩掷骰子或多米诺骨牌。

"我还是去钓鱼吧。吃点新鲜的鱼，没那么饿！"

10月7日，不安渐渐演变为焦虑。西潘古到底还有多远？大海一望无际，看不到尽头！哥伦布日夜不停地计算。计算结果与之前桑切斯遇到的情况一致。那么，再过一两天，他们就能到达东亚海岸。哥伦布始终满怀信心：上帝会指引他到达目的地！

平松兄弟和胡安·德·科萨对此表示怀疑。胡安直截了当地要求哥伦布改变路线："哥伦布阁下，我们已向西走了一个月。眼下应该考虑向南走。平松也赞同。我们都认为向南才能找到金矿。"

哥伦布回应道："你的确是个优秀的水手，但我坚持按我的路线航行。风会把我们带往忽必烈汗的国土。它们就在日落的地方。"

"但您也看到了，鸟儿都往南飞，那里一定有大陆。"

哥伦布决定退一步："你说的也有道理，那就转向西南吧。我来安抚船员。平松建议我使用武力，杀一儆百。我担心适得其反。我劝说他们再耐心等两三天，到时何去何从自有分晓。再说，我们现在还有食粮……"

"已所剩无几。如果不得不返航，我们全部会饿死。"

"谁告诉你要返航！西潘古就在那儿，触手可及！"

天公作美，接下来一路顺风。船员们渐渐冷静下来。可，他们还能冷静多久？

种种迹象显示陆地就在不远处，哥伦布越发平静。成群的鸟儿聚集，说明它们的巢就在附近；帆船边有芦苇，还飘荡着一些小树枝。很明显，陆地近在眼前。

为鼓舞士气，哥伦布宣布谁首先发现陆地，重赏一万**马拉维第**。11日晚，哥伦布在地平线看见一道光亮，他立刻告知船员。但光亮转眼消失不见。当晚月色明亮，驻守在平达号上的罗德里格·特里亚纳也称在海上见到了一排沙地。正是他，在凌晨两点发出盼望已久的叫喊声："陆地！陆地！"

船员们跑上甲板，齐声高唱**《圣母歌》**，感谢天主。大西洋海军元帅不负众望。

马可·波罗笔下的岛屿，三十六天就能驶达！

马拉维第：西班牙古铜币。

《圣母歌》：献给圣母玛利亚的赞歌。

航海的范围在 15 世纪末已越过地中海。航行的方向，一看地平线上的太阳高度，二看夜晚出现的北极星。好的领航员对风向与水的流向了如指掌。

星盘

航海日志

哥伦布对自己的推算及未来的命运自信满满。他在日志中写道："我决定详细记下每天发生的事，做了什么，看到什么，航行中如何生活……我得尽可能少睡，确保航向不出错。"

航海工具

哥伦布拥有的航海工具并不多，可以确定的是他使用了罗盘、指北针、星盘。他知道如何测量太阳与星星的位置。

天文学家

天文学家

在哥伦布时代，对天空及天体运动的认识仅限于占星术（根据星象进行占卜）的运用，而非真正天文学（对天体的科学研究）。15 世纪末，没有任何关于航海的专著。

"哥伦布立于圣玛利亚号船尾，密切关注海上动向……"

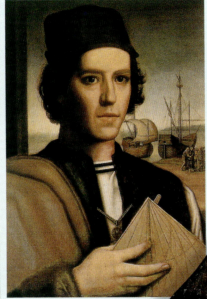

哥伦布前往未知的世界

文森特·扬内兹·平松

基尔兰达约创作的《克里斯托弗·哥伦布》

哥伦布肖像

哥伦布死后才出现为他而作的画像，但是样貌各不相同！这幅基尔兰达约创作的肖像最符合哥伦布之子的描述：面颊略红、鹰钩鼻、白发。

平松兄弟

他们在发现之旅中扮演了重要角色。第一次横跨大西洋时，马丁·阿隆索·平松指挥平达号超越其他船只，与船队脱离6周。后来为了抢夺胜利果实，返航时又第一个到达。文森特·扬内兹·平松指挥尼娜号，之后于1500年穿过厄瓜多尔，发现亚马孙河及巴西。他一路南下，到达拉普拉塔（巴拉那河及乌拉圭河的入海口处）。

天堂的味道

天刚蒙蒙亮，船只**下锚**，哥伦布与平松兄弟登上小艇。一到白沙滩，他们就展开王室的**旗帜**。海军元帅感慨万千地对艾斯克维多和塞戈维亚迭戈说："请以陛下的名义见证，这片土地由我接管！"

其他船也靠岸了，船员们迫不及待地踏上这片期盼已久的土地。很快，来了一群古铜色皮肤的当地人，他们冲向沙滩，跳进水里，把船团团围住。他们都很年轻，不着寸缕，就像刚出生的婴儿一样赤裸，但神情自若，丝毫不觉窘迫。他们给远方来客送上棉线和鹦鹉，以示欢迎。

胡安·马丁内斯再也不抱怨了，哈哈大笑道："这里的女人是不是也不穿衣服？"这里和**阿尔梅里亚**一样炎热，但树木比格拉纳达平原的还葱翠，鸟儿也更色彩艳丽。

哥伦布用玻璃珠项链和铃铛，居然换来了当地人鼻子上戴的黄金饰品。看到原住民活力十足、态度友善，他大感

下锚：下锚于水中使船停稳。

旗帜：代表国王或贵族的旗帜。

阿尔梅里亚：位于安达卢西亚省的地中海港口。

意外，对文森特·扬内兹·平松说道："我想不费吹灰之力就可以把他们变成基督徒。奴役他们也不是难事。"

平松提出异议："他们很美、很年轻，生机勃勃，就像逃出伊甸园的人。可他们不是大汗的子民。"

哥伦布沉默不语。风景虽好，但不是最初的目的地："这座岛屿就命名为圣萨尔瓦多吧，向救世主耶稣致敬。"

艾斯克维多大胆问道："他们是什么人？说什么语言？"

"路易斯，所有**巴别塔**的语言你都会，你去问问谁是他们的国王，还有他们是否有信仰。"

年轻的翻译仔细打量这群人，他们的脸上和身上涂满油彩，黑色的头发覆额。一时之间，他也不知该找谁问话，见到其中有个人总是微笑，便走了过去："你们是谁？叫什么名字？谁是你们的国王？"

路易斯·托尔先用希伯来语问候，接着用阿拉伯语，又尝试了拉丁语和**迦勒底**语。对方笑着比画了几下，嘴里冒出的词他完全听不懂。他努力向哥伦布解释道："依据他们的手势和惊叹的表情，我想他们认为我们是上天派来的信使。"

巴别塔：据《圣经》记载，在巴别塔这儿，上帝让人类说不同的语言。

迦勒底：两河流域的王朝。

哥伦布满意地笑了。这些宽额明眸、年轻健壮的人尚未开化，让他们接受基督信仰，应该毫不费力！

船员们度过了美妙的两天。他们懒洋洋地躺在吊床上，横渡大西洋时的焦虑早已抛至脑后。当地人以空前的热情款待他们：部落**酋长**送来水果、烤鱼和女人！他们慢慢发现岛屿上河水清澈、植物繁茂，彩色的鹦鹉在林间飞

> **酋长：**这里指美洲印第安人的首领王或战争领袖。

来飞去，空气中散发着迷人的香味。深受众人爱戴的海军元帅打算继续探险之旅，他相信再往南就是黄金满地的岛屿，那儿的人更强大、更富有。他对朋友迭戈·阿哈纳说道："我们需要向导。你去找六七个人，把他们带到海边。每人一串玻璃珠项链！"

迭戈过了好久才回，身边一个人都没有："元帅，他们不想离开。我刚把他们拖到海边，他们一个个撒腿就跑。我没抓住他们……"

哥伦布很恼怒："对他们强硬点！告诉他们很快就能回来……天黑之前做好！我们需要他们引路！"

"好的。他们好像很害怕一个叫作加勒比的部落，这个部落时不时过来抢掠……"

"我知道，有人给我看过他搏斗时留下的伤疤。你

注意分寸，不要太过分……我不想破坏目前的友好关系！"

"您放心，我不会伤害他们。他们连武器都没有，好像从没见过金属！有个人直接用手抓我的剑刃，流了好多血。"

船队离开这个天堂的角落，继续前行。船上多了七个乘客。他们心有余悸地告诉元帅，这里有数不清的岛屿，往来全靠一种狭长的木制小船，叫作卡诺阿。

10月6日早上，西班牙人在一座更大的岛屿上岸，仪式如前："谨以陛下的名义接管这片土地，将之命名为圣母玛利亚。"

当地人鼻子上戴着饰品，身上套着各种环。哥伦布有点儿失望，这里的人同样一丝不挂、友好热情，但很穷！他下令启航。

听说附近有座更大的岛屿。这时，一个向导突然跳下水游走。西班牙人都在沙滩上，等反应过来，已经晚了。他们又抓来一个当地人，强迫他登上尼娜号。这位当地人怕得直发抖，瑟瑟缩缩地递上棉线。

"不要粗暴地对待这些当地人。"哥伦布对船员说道。

他给这个年轻人戴上一顶红色的软帽，还在他的脖子上挂了好几串玻璃珠项链。随后让人送他上了岸边停靠的小船。

　　"他会四处宣扬对天边来客的仰慕和感激之情。这样，我们更容易得到他们的财富。这座新的岛屿就叫作斐南迪纳，向我们的国王致敬。"

　　这里的植物品种更多，物产更丰富。

　　"这些树我都没见过，"生活在安达卢西亚乡村的马丁内斯低声嘟囔道，"还有这些花、这些水果，抬手就能碰到，完全不费力！就是看不到多少动物，真奇怪。"

　　接下来发现的两个岛屿，一个命名为伊莎贝尔，一个命名为胡安。每座岛屿都弥漫着香甜的气味。哥伦布情不自禁赞叹道："这是人类所能见到的最美的国度。

人们可以世世代代在此生活！"

路易斯·托尔打断他的思考："元帅，您注意到了吗，有些原住民把一种叶子卷起来点燃，呼吸它的香味。这种叶子他们叫作烟草。据说吸过一次，就会上瘾！"

"不错，有进步。你越来越明白他们说的话了！"哥伦布笑着说道。

路易斯·托尔又说道："他们告诉我还有一个岛，有人叫它海地，也有人叫它伊斯帕尼奥拉。"

哥伦布很快判定，这个伊斯帕尼奥拉岛就是马可·波罗洋洋洒洒描述过的契丹都城。

热带风光对哥伦布及其船员有着巨大的吸引力。这里与他们见过的地中海风景完全不同。哥伦布不止一次地赞叹这里有繁茂的树林、充足的水源、多样的水果，处处鸟语花香。他们找到了最舒适的生活！

海地的海滨

海牛
身形庞大，属哺乳动物。它们生活在河口附近，以水草为食。

毫无疑问，这种来自太平洋的动物就是塞壬的原型。

"这是人类所能见到的最美的国度……"

古巴国树皇家棕榈

海牛

棕榈
欧洲关于新大陆的雕刻或绘画中，处处可见棕榈树。它们是异域的象征。

哥伦布地图
这幅地图相当准确地标出了西班牙岛（也就是海地–圣多明各岛）北岸，由哥伦布亲自绘制。我们可以看到该岛最初的状态。

多样的风景

巴哈马岛和安的列斯群岛的风
景千变万化：椰树成林的粉色
沙滩、山林、平原……在古巴、
海地－圣多明各岛、波多黎各
或牙买加都可以领略到这多样
的风景。

海地的雨林

鸟

千姿百态、色彩各异的
鸟儿让欧洲人着迷。哥
伦布带回各种不同的鹦
鹉，意大利航
海家韦斯
普奇称这
里的鹦鹉
多得可以遮盖
天空。

*如今在海地濒
临绝种的美洲
亚马孙鹦鹉*

西班牙岛

圣玛利亚号和尼娜号慢慢**漂移**，在距离伊斯帕尼奥拉岛海岸几**链**的地方，找寻合适的时机下锚。

几天前，哥伦布已在岛上某**入海口**竖起一个巨大的十字架。他将这座岛命名为西班牙岛。

马丁内斯兴奋大叫："这里的男人和女人比其他岛屿的更美！"

"你只关心这个！"一旁严肃古板的路易斯回道，"我担心元帅依然很失望。从这些人的穿着来看，他们不是大汗的子民。"

在这圣诞节的前夜，哥伦布疲惫地站在大船圣玛利亚号上，面带忧色。想到马丁·阿隆索·平松指挥的平达号于 12 月 20 号至 21 号脱离船队突然消失，他就止不住愤怒。

"他向来不服我，"哥伦布跟胡安·德·科萨说道，

漂移：船只依据风向或水向改变航线。

链：旧时海上测量距离的单位。

入海口：河流入海的地方。

"平达号轻便快捷，他正好摆脱我们首个回航，独享远航的果实。"

"他的确很贪财，也我行我素。但我不相信他会背叛我们。"胡安·德·科萨答道。

尼娜号试图在大酋长瓜卡纳瓜里所在的村落靠岸，可惜海上一丝风都没有。圣玛利亚号紧随其后。已是晚上 11 点，哥伦布决定睡一会儿，让其他人掌舵。他实在太累了，叫来了一个见习水手："安德里西多，你掌一下舵，天气变化时叫醒我！"

舵手：操控船只方向的人。

年轻的水手欣喜若狂。这是他第一次做**舵手**！

陆地近在眼前，海上仍然无风。圣玛利亚号依靠水流慢慢靠近。半夜，巨大的撞击声惊醒了所有人。船搁浅了。

哥伦布第一个冲上甲板，探查实情。他冷静地下达命令："向尼娜号发信号！所有人立刻下船！"

安德里西多不安地问："船漏水了？"

"冥冥中自有天意！现在是圣诞前夜两点。神告诉我们，要在此停下来。"

哥伦布善于应对突发状况，尽管马丁·阿隆索·平松带着平达号消失，圣玛利亚号也受损，他依然抱持乐观的心态。

几小时后，大酋长瓜卡纳瓜里派人划着小艇过来，帮他们搬运船上的物资。

两天后，海平线上出现平达号的身影。哥伦布派出一艘小艇迎接。马丁·阿隆索·平松没有叛逃。在给平松的信中，哥伦布并没有表现出愤怒。马上要回航了，平松的帆船速度最快，能甩开尼娜号第一个到达西班牙，他不得不采取**怀柔**策略。

考虑到一艘船不足以带回所有的船员，哥伦布决定留下三分之一的人，让他们原地待命。大部分人都是自愿留下的。

他还提出用圣玛利亚号的船体材料修建一座堡垒，以兹纪念他们的船队到达此地，同时宣告印度洋沿岸由西班牙王室统治。

堡垒十天就修好了，四周环绕着一条沟渠，圣玛利亚号上的物资都储藏在这儿。木制的堡垒并非坚不可摧，但装备有**射石炮**和**轻型长炮**。维护堡垒安全

怀柔：和武力手段相对应，施以恩惠并友善对待对方，从而改善敌对关系。

射石炮：一种可发射圆炮弹的武器。

轻型长炮：可转移的大炮。

的大酋长瓜卡纳瓜里很高兴，他拥有了抵抗食人部落加勒比人入侵的利器。

哥伦布宣布："这座在盟友瓜卡纳瓜里帮助下修建的堡垒，命名为'圣者降临'，用以纪念拯救我等生命的耶稣基督的降生。"

随后，在等待帆船返航时，哥伦布写下留守岛屿的三十九名船员名单。离开前，他告知所有人："你们要一如既往地善待岛民。同时，争取瓜卡纳瓜里的支持，努力发掘金矿。岛上诸多事宜由迭戈·阿哈纳掌管，罗

德里格·德·艾斯克维多和佩德罗·古铁雷斯从旁协助。至于你，路易斯·托尔，要尽快掌握他们的语言，将来必有大用！我留下两名医生胡安和阿隆索。不过，这儿似乎没有疾病，你们大可放心。"

他又专门嘱咐撰写探险日志的官员佩德罗·古铁雷斯："你有充足的时间誊写日志。一定要准确，不要遗漏任何细节。我们的冒险会流传后世。"

尼娜号离开前夕，酋长瓜卡纳瓜里举办了一场盛大的庆典，向西班牙人致敬。哥伦布借机下令炮击残存的

圣玛利亚号，震慑众人。在这样的武器面前，加勒比人毫无还手之力！

船员们还不忘带上几个泰诺人（岛上的原住民），以便回西班牙时向世人展示他们的探险成果。后来，这几人当了翻译。

1493 年 1 月 4 日，尼娜号启程。船上除哥伦布、文森特·扬内兹·平松、胡安·德·科萨外，还有三十多名船员和七名泰诺人。

1 月 6 日，平达号与尼娜号会合。两位船长会面的气氛很紧张。马丁·阿隆索·平松对于平达号为何消失所做的解释语焉不详，诸如逆风行驶、水流难测等问题，要想难倒一位经验丰富的航海家并不容易。哥伦布完全不相信他。平松又提及海浪，哥伦布勉强接受了。

沿西班牙岛海岸西行时，西班牙人遇到了手持长弓、**标枪**的岛上原住民。不过，双方并未发生冲突。他们从原住民口中得知，附近有个叫**马提尼诺**的岛，岛上全是女人。

哥伦布立刻想道："这就是马可·波

标枪： 刃很长的矛。

马提尼诺： 即马提尼克岛。

亚马逊女战士: 传说中的女战士族，在各种不同的传说中均有出现。

罗提到的**亚马逊女战士**之岛，应该去抓几个人过来。"

不过，他没有下令船队绕道。当务之急是尽快回到西班牙本土。

2月14日，一直风平浪静的海面突然波涛汹涌。舵手顶着狂风暴雨，在轰隆的雷声中冲元帅大喊："船顶不住大风了，落帆！"

"做什么都没用，顺水漂流吧。"

平达号同样遭遇风暴，被汹涌的大海卷走，再次消失于茫茫黑夜中。

第二天，风暴越发猛烈。船员们向仁慈的圣母祷告，许诺如顺利渡过难关，他们将虔诚朝圣。哥伦布还特别向瓜德罗普岛的圣母祈祷。他担心自己在海难

中死去，在羊皮纸上草草记下旅行要闻和重大发现，用防水布包好，涂上蜡，放到小瓶里，扔进大海。也许，海浪会把小瓶冲到西班牙本土的岸边，让它重见天日……

黎明时分，一片陆地出现在眼前。但风浪太大，尼娜号花了整整两天才靠岸。哥伦布认出这里是**亚速尔群岛**最南端的岛屿圣玛利亚岛。他曾经来过。

亚速尔群岛：大西洋上的群岛，距葡萄牙约 1300 公里。

也就是说，他们漂流到了葡萄牙人的领地。

泰诺人居住于安的列斯群岛（巴哈马、古巴、海地、牙买加）。哥伦布第一次航海时见到了这一处于原始生活状态的族群。泰诺人没有等级之分，酋长主持宗教祭祀。在他们的信仰中，太阳和月亮具有超凡地位。他们相信灵魂不灭。

原住民与新大陆

版画（1560年）描绘的是身穿铁甲的欧洲海员与体格健壮的亚马逊女战士相见的场景。女战士不着寸缕，坐在吊床上，代表美洲。海员一手拿星盘，一手握住画有巨大十字架的旗帜。图中还可见到美洲奇异的动物。

克里斯托弗·哥伦布（或亚美利哥·韦斯普奇）到达美洲

印第安人的生活方式

一些泰诺人种植作物，另一些则以采摘果实、狩猎、捕鱼（使用长矛或渔网）为生。在泰诺人和加勒比人那里，农产品属于集体公有。印第安人种植玉米（玉米几乎是整个美洲大陆赖以生存的粮食作物）和木薯（用来制作木薯面包）。他们也食用木薯根。

放置于木架之上的烤鱼

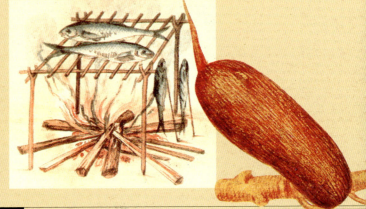

泰诺的手工业

泰诺的手工艺品种类繁多，样式新颖别致。有神秘的三角形石器，有陶具（船型的花瓶、碗，上面绘着几何图案），还有很多木刻的人像或动物，都是泰诺文化留下的遗迹。

"你们要一如既往地善待岛民。"

加勒比人

他们好战成性，乘坐小船卡诺阿出行，不断武力掠夺泰诺人。在哥伦布和阿美利哥·维斯普西笔下，他们总以"凶残的食人者"形象出现（见上方版画）。

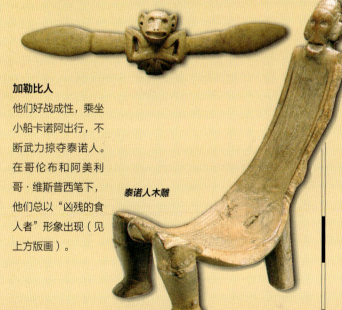

泰诺人木雕

木薯根

疆界的划分

生还的尼娜号船员纷纷跪下祷告，感谢圣母的护佑。哥伦布预感到葡萄牙人不会欢迎自己。果然，他们全部被俘虏。

哥伦布仔细评估当下的风险后，决定摆出高姿态，给亚速尔总督施压："我乃阿拉贡斐迪南国王与卡斯蒂利亚伊莎贝尔女王陛下亲自任命的印度群岛总督。我要求立即释放我的所有船员，并归还所有扣押物资和船只！否则，你追悔莫及。"

总督退让了，尼娜号顺利离开。事不宜迟，他们要尽快返航。但海上风暴肆虐，很难控制航向。1493 年 3 月 4 日，帆船到达**特茹河**河口。

> **特茹河：**发端于西班牙，经葡萄牙汇入大西洋。
>
> **港口：**里斯本是葡萄牙在大航海时期重要的出海港口。

"胡安，这个**港口**我再了解不过了，"哥伦布说道，"要不是风暴太大别无选择，我绝不在里斯本靠岸！我会致信照会葡萄牙王。他是个英明的君王。"

这时，一艘战船徐徐驶近。航海家巴尔托洛梅乌·迪亚士请哥伦布上船。

"我是西班牙王任命的海军元帅，无令不得擅动，除非若昂国王亲自召见。"

哥伦布的强势再次见效。如他所愿，葡萄牙王决定以隆重的仪式接见他。

耿耿于怀：恼恨，积怨很深。

不过，哥伦布在葡萄牙宫廷早已树敌良多。当初错下判断的葡萄牙王室顾问们**耿耿于怀**，想寻机扳倒哥伦布，以此挽回颜面一雪前耻。

"陛下，可以随便挑个借口，找人和他决斗，一劳永逸。"

提议很快被否决。又有人提出："陛下，热那亚人发现的陆地距亚述尔群岛不远，理应归您所有。您可以即刻派军队过去，宣示主权。"

于是，若昂二世在亲切接见哥伦布时，授意顾问提出领土归属问题："您发现的新岛屿，我们也一直在寻找。根据西葡两国1479年订立的条约，它们应当属于葡萄牙。"

"尊敬的陛下，这些问题已超过我的权限。我只能向您保证，我没去过几内亚海湾，也没登陆过任何属于您的领地。"

3月13日，哥伦布启程前往塞维利亚。

马丁·阿隆索·平松途中遭遇暴风，船只在**加利西亚**搁浅。他急于向斐迪南和伊莎贝尔报告此次远航的收获，于是

加利西亚：在葡萄牙以北，属于西班牙西北部的一个省，临大西洋。

调转船头向南，想尽快到达帕洛斯港。靠岸时，他震惊地发现哥伦布比他早到几小时！几天后，他染上某种病因不明的疾病去世。

哥伦布在帕洛斯和塞维利亚受到热烈欢迎，与他同行的还有七名印第安人。此后新大陆的原住民被统称为"印第安人"。

走在队伍最前列的一对泰诺夫妻窃窃私语。瓜卡利跟妻子阿诺阿说道："这些人好奇怪！为什么都把身体藏着，不露出来？还不停地笑着碰我、盯着我看，一直说，一直说……吵死了。这里的食物也散发出难闻的气味！"

妻子心情低落，回道："他们还告诉我要一直微笑。你看，我们这样像什么？他们的酋长会遵守承诺，送我们回古巴吗？"

瓜卡利耸耸肩，不置可否。

"他们总是说，要去更远的地方见更大的酋长……我感觉很累，都提不起劲儿打猎。而且，这里也打不了猎……"

瓜卡利和阿诺阿后来在帕洛斯去世，与马丁·阿隆索·平松的死亡时间差不多，也死于某种不知名的疾病。此前，没有任何泰诺人得过这种病。

哥伦布写信告知身在巴塞罗那的两位陛下，远征非常成功。很快，回信到了。信的开头是这样写的："致海军元帅、新印度群岛总督哥伦布先生……"

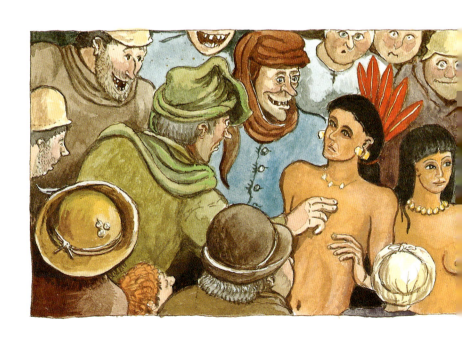

他的价值终于得到承认！

他率队继续北上，沿路接受无数的鲜花与掌声，最后经由凯旋门进入巴塞罗那。哥伦布亲自指挥入城队列："队首站五个泰诺人，给他们梳妆打扮，戴上棕榈叶和黄金饰品。活着的鹦鹉都展示出来。我骑马跟在队伍最后。"

两位国王与胡安亲王一起，摆出隆重的仪式前来迎接凯旋的队伍。众人齐声高歌《**感恩赞**》，感谢上帝赐予西班牙新的疆土，同时为随行的印第安人举行了**洗礼**。此

《感恩赞》：献给上帝的赞歌。

洗礼：基督教的入教仪式。

刻，西班牙要高调地向全世界宣示自己对新大陆的主宰权！

"陛下，只要再给我船只与海员，我愿意重返印度群岛。"

斐迪南国王态度友善，承诺筹建一支更大的船队。此外，还需尽早派使节前往罗马觐见教皇，宣告基督教的伟大胜利，确认西班牙的领土权。教皇亚历山大六世博尔吉亚，出生于**瓦伦西亚**。斐迪南深知西葡两国如果发生领土争执，教皇一定会支持西班牙。果然，教皇很快带来口信：

"鉴于您在与异教徒的战争中取得伟大胜利，并成功捍卫基督教疆土，我授予您统治远方异教徒诸地的权力，希望您能将上帝的福音带给他们。您的功德将为整个基督教世界传颂，我赐予您'天主教王'的名号。"

此时，西葡两国已成剑拔弩张之势。光是教皇的几句赞美之辞远远不够，斐迪南敦促亚历山大六世发布正式文件。

1493 年 5 月 2 日教皇发来**谕旨**，以一条南北分界线，限定亚述尔群岛以西

瓦伦西亚： 位于地中海，是西班牙的重要城市。

谕旨： 教皇的信。

数百岛屿的归属：分界线以西，所有已发现和待发现的领土归西班牙所有；以东，归葡萄牙所有。

若昂二世和斐迪南先后增派**使团**与密探，争分夺秒，筹备西行远征队。

深受天主教王宠信的塞维利亚主教胡安·德·冯塞卡，负责组建无敌舰队，以期尽快取得制海权。斐迪南多·布依尔率领的**本笃会**修士也参与其中。他们是首批在新大陆传教的教士。

哥伦布被封为舰队元帅及新大陆总督。这是他人生最荣耀的时刻。回塞尔维亚后，哥伦布表现出极大的活力，神态威严地交代财务官胡安·德·索里亚："挑最好的水手、工匠和农民……"

胡安·德·索里亚直接打断他："总督先生，一切准备就绪。家禽、种子、植物、交易用的**小玩意**、军粮、武器、战马皆已装船。最难办的是控制人数：所有人都想随船出发。"

使团： 受命于国王的使节。

本笃会： 信奉圣·本笃的教派。

小玩意： 不值钱的小物品。

西班牙与葡萄牙的**疆界划分**如地图所示，以一条南北线划定。界线以西（亚马孙河口至拉普拉塔河口）属于西班牙王国。以东（巴西、非洲及亚洲大部分地区）属于葡萄牙王国。

新大陆的主人
在这幅古老的木版画（1493年）上可以看到阿拉贡的斐迪南国王坐于王座之上，自大西洋彼岸派遣三艘卡拉维尔帆船出海。新大陆发现不久，随之而来的就是征服与传教。

若昂二世（1455—1495年），葡萄牙王

葡萄牙王
若昂二世，非洲阿方索五世与葡萄牙伊莎贝尔之子，聪慧过人。他继承了亨利王子的航海事业，创建"数学家委员会"。在位期间，一方面极力与西班牙和平相处，签订《托尔德西里亚斯条约》，另一方面大力拓展海外殖民地。1488年，巴尔托洛梅乌·迪亚士发现了好望角。

"西葡两国已成剑拔
弩张之势。"

伊莎贝尔与斐迪南

天主教王

1479年，伊莎贝尔与斐迪南成为卡斯蒂利亚王。其后，斐迪南继承阿拉贡王位。他们在与穆斯林的战争中获胜，成功收复西班牙领土，

亚历山大·博尔吉亚

这位出身于西班牙的教皇于1493年颁布谕旨，划定西葡两国疆界。两国于1494年签订《托尔德西里亚斯条约》。该条约对葡萄牙更有利，将巴西划归葡萄牙所有。

一时名声大震。新大陆被发现后，受封为"天主教王"。他们在位时，西班牙处于历史鼎盛时期。

剑与十字架的征服

1493 年 9 月 25 日，十七艘卡拉维尔帆船载着一千两百人从加的斯港起航。水手们扬帆起锚时放声高歌，人人坚信这是史无前例的冒险。他们满怀黄金梦，憧憬着海外天堂。

10 月 1 日哥伦布的舰队到达加那利群岛。在拉戈梅拉岛，哥伦布让人运送马、羊、猪、鸡上船。信风吹动船帆，只需二十日就可到达加勒比群岛。

到达首个岛屿多米尼加（西班牙语中，为星期天的意思。因发现时间为周日，故取此名）前，水手们发现桅杆上闪耀着**圣艾尔摩之火**，大家纷纷觉得是**吉兆**。

圣艾尔摩之火：空气中发生的光电现象，有时会出现于桅杆上，特别是暴雨来临时。

吉兆：预示着好运。

哥伦布不耐烦地下令："继续前行，这岛屿太小，也没有天然港口。"

在第二个岛屿玛丽 – 加朗特（取自帆船名）上，他命人插上了代表王室的旗帜。第三个岛屿形状似蝴蝶，岛上有大瀑布飞流直下，场面极其壮观。该岛被命名为

埃斯特雷马杜拉: 西班牙的一个省,位于安达卢西亚地区和葡萄牙之间。

瓜德罗普,以纪念位于**埃斯特雷马杜拉**的瓜德罗普圣母。

有一些人无心观赏自然风光,急于入岛探查。阿隆索·德·欧热达,以勇猛著称,被选为入岛探险的领队。他回来时,向哥伦布报告惊人发现:"哥伦布阁下,这座岛上的人居然以人肉为食!我们在他们的小屋附近发现了人的头骨。显然,是用来盛东西的。"

说完,还递给哥伦布一个恐怖的头骨。

哥伦布神色肃然:"他们就是令泰诺人闻之色变的加勒比人。"

阿隆索不无嘲讽地说："看来，天堂里并不是只有天使。"

"确实，他们是恶魔，只能以对待恶魔的方式待之，"船长迭戈·马尔凯说道，"这些加勒比人抢走其他岛屿上的年轻女人，吃掉她们的孩子。在他们的小屋里，我还见到一些其他族人的尸体。这群野蛮人现在不在家，上山的上山，出海的出海。我救了几个被他们抓住的女人，她们想跟我们一起走。"

哥伦布一眼就确定她们是泰诺人。

他立刻说道："我们要尽快赶到西班牙岛！"

此刻在圣克鲁兹岛，西班牙人正在被凶猛的加勒比人攻击。加勒比人毫不畏惧地拿起龟甲或鱼骨做的箭射向敌人。脸上画着战斗油彩，恐怖的图案显示他们十分厌恶这群"天外来客"。

圣-让-巴蒂斯特岛:
即现在的波多黎各。

之后，舰队在**圣-让-巴蒂斯特岛**附近海域停留，暂作休整。船队沿西班牙岛东岸排开。水兵去海滩探查，带回可怕的消息："元帅，我见到两具已腐烂的尸体，其中一具是西班牙人，是我的朋友胡安·马丁内斯。我认得他的黑胡子和耳边的疤痕。他被倒吊在十字架上！"

夜幕降临时，玛丽-加朗特号停靠在距"圣者降临"堡垒一法里的地方。印第安人划着长长的卡诺阿悄悄靠近。一名酋长的使者登上舰船，局促不安地解释西班牙移民的去向，越说越乱。幸好有专事翻译的泰诺人："他说，大部分西班牙人属于自然死亡，少部分死于自相残杀。剩下的去了远离岛屿的地方寻找黄金，还有人强行带走了几名印第安女人。"

这消息令人焦虑，最糟糕的情况已发生！翻译继续说道："酋长瓜卡纳瓜里遭到野蛮人的酋长卡欧纳波的袭击，在保卫堡垒时受伤。卡欧纳波统治的西堡地区盛产金矿。"

西班牙人到达岛上时，曾经的堡垒已被摧毁。泰诺人的村子也付之一炬。哥伦布见到了心有余悸的大酋长瓜卡纳瓜里，受到了他的热烈款待。不过，瓜卡纳瓜里并未受伤。

布依尔走近哥伦布，小心地悄声说道："您没发现这些野蛮人已经背弃我们了吗？我们得杀一儆百。"

哥伦布虽恼怒，但并不赞同布依尔的做法："姑且先相信他。"

没想到，瓜卡纳瓜里第二天突然消失。

船长梅尔卡·马尔多纳多刚探完路回来，就接到哥伦布的命令："一直在船上生活不是长久之计，须尽快成立一个专门的机构，妥善安置我们的随行人员和**动物**。"

动物： 第二次出海，哥伦布开始在船上养一些可以提供长期食物的家禽。

12月，西班牙移民在岛上安家，创建首个基督教城市——伊莎贝尔。

1494年2月9日，九艘舰船在安东尼奥·德·托尔的率领下踏上返回西班牙的归途，并带回哥伦布写给天主教王的信。在信中，他称有望在西堡地区发现黄金。

随船离开的还有一些加勒比人，他们将作为奴隶，被卖往西班牙。

残酷的征服拉开序幕。

数月以来，哥伦布忙于工作，身心疲累，多次高烧。他万万没想到，心怀不满之人正在策划反抗。一批人想回西班牙，于是强行占领一艘停靠在港口的舰船；还有一批人因找不到黄金而不满，蠢蠢欲动妄图再次出海。

哥伦布身体刚恢复，就亲自组织人前往西堡，探查结果令人鼓舞。但回来后却发现伊莎贝尔城内动乱更甚。只有弟弟迭戈，始终不离不弃。他是哥伦布唯一能信任的人。

"迭戈，我还得勘察其他岛屿。我希望你留下做顾问。"

"就怕即便换成我，这些人也不安分。更何况布依尔并不可靠。"

"不过几个星期而已。我得去古巴，那里一定是印度半岛。"

哥伦布航行了五天，勘察古巴与牙买加，9月重回伊

莎贝尔。他惊讶地发现哥哥巴托罗米奥也身在城中。他立刻任命哥哥为军事总督。

与此同时，佩德罗·马尔加利特带领卡斯蒂利亚**贵族**与士兵，公然反抗哥伦布。在布依尔及其支持者的帮助下，他们抢占数艘舰船，扬帆回国。

形势急剧恶化。西班牙人对印第安人横施暴行，遭到当地人的激烈反抗。

最初的和睦荡然无存！巴托罗米奥化身为残忍、冷酷的**征服者**，将反抗的印第安人投进监牢，卖为奴隶。酋长瓜卡纳瓜里与卡欧纳波先后被阿隆索·欧热达率领的部队俘获。

印第安人纷纷逃跑，以躲避西班牙人强行施加的繁重劳役。此外，哥伦布还向他们征收**重税**，命令他们上缴黄金。战争、苦难、绝望与疾病的重压下，约三分之二的印第安人悲惨死去。

第二次航海是破坏、血腥与背叛之旅。对印第安人来说，则是奴役与死亡之路。

人们在天堂的背景下，描画出了地狱的图景。

贵族：第二次出海时，随行人员中有不少渴望发财的贵族。

征服者：特指参与征服新大陆的西班牙士兵。

重税：哥伦布要求当地印第安人按人头缴纳黄金。

殖民地开拓的早期，印第安人遭受了**一系列的暴行**，以致逐渐消亡。沦为奴隶后，他们被迫为西班牙人劳作，生活条件极其恶劣。除了被屠杀，还有大量泰诺人和加勒比人死于欧洲人带来的疾病（如天花）。

印第安人使用的箭

西班牙国王斐迪南之剑

征服者
曾与摩尔人作战多年的西班牙人在征服新大陆的过程中，同样让印第安人恐慌。

印第安人的武器
用于狩猎与战斗的武器有棍棒、斧头、刀、标枪（尖头由硬石、骨头或鱼刺制成）。最具威慑力的武器是弓与箭。

"战争、苦难、绝望与疾病的重压下，约三分之二的印第安人悲惨死去。"

西班牙人的武器
西班牙人穿护胸甲、戴钢盔，这能保护他们在战斗中不受伤。但装备太重，不适合炎热的天气。他们也使用火器如手枪、火枪，不过无往不利的武器是剑。

被绞死的安娜卡欧娜

安娜卡欧娜之死

这幅反西班牙人的版画出现于 1598 年法兰克福。其目的是谴责早期征服者施行的屠杀与暴力。从画中可以看到，他们纵火焚烧当地的茅屋，不少印第安人在火海中死去。象征着新大陆的女酋长安娜卡欧娜被绞死。

暴力与残酷

统治欲以及对黄金的贪恋，令西班牙人在这片新发现的土地上犯下了滔天罪行。

这幅画来自多米尼加一位西班牙人的描述，征服者牵来凶猛的猎犬，攻击印第安人。

后期航海

佩德罗·马尔加利特和布依尔返回西班牙后，不遗余力地在卡斯蒂利亚宫廷诋毁哥伦布，称他对伊莎贝尔城的**移民**实施**暴政**，还指责他目中无人，是个卑劣的"外国佬"。

伊莎贝尔女王曾**禁止**买卖印第安人为奴，并下令改善印第安人的待遇，但徒劳无功。与此同时，任何西班牙人只要从加的斯港出海，就可以合法移民西印度。

哥伦布手中的大权慢慢被削弱，再也不能自由地组队出海，寻找新的陆地。他也渐渐失去了王室的信任，主理印度事务的冯塞卡派遣胡安·阿瓜多前往伊莎贝尔城，监督哥伦布行事。

哥伦布平定岛内动乱归来，见到王室代表时，表现得极为克制。

移民：移居新大陆的第一批欧洲居民。

暴政：为满足个人欲望滥用权力。

禁止：1495 年，伊莎贝拉女王曾下令阻止买卖印第安人为奴，并将这些印第安人送回了美洲。

"迭戈，我们亲自回西班牙解释！顺便找那些忘恩负义之徒算账！胡安·阿瓜多随我们离开，这是防止事态恶化的最好办法。"

"真佩服你，居然还有耐心和那些人周旋！我们顺便带上卡欧纳波，让国王看看印第安人绝非全都是温驯的小绵羊。"

1496 年 6 月 11 日，尼娜号在加的斯港靠岸。为免受奴役之耻，桀骜不驯的酋长卡欧纳波死于船上。

天主教王在**布尔戈斯**亲切接见哥伦布，对他之前的种种错误行径予以谅解。

布尔戈斯：西班牙北部城市。

哥伦布当即提出组织第三次航海。谁知主理印度事务的冯塞卡想方设法拖延，六艘帆船迟迟不能启程。哥伦布足足等了近两年。

"我带领一半的船只走另一条航线。剩下的在加那利群岛稍作休整，然后直接驶往西班牙岛。佩德罗，你负责指挥其中一艘船。"哥伦布吩咐妻子的兄弟佩德罗·阿亚纳。

"我能问问，你要去哪儿吗？"

"当然能问，不过我不会回答！"哥伦布大笑。

船队于 1498 年 5 月 30 日，自圣卢卡尔·德巴拉梅达出发，中途停靠加那利群岛。哥伦布带领三艘帆船继续南行，抵达佛得角群岛，开始踏上未知的冒险。这是一段漫长而艰辛的旅程。

经过数周航行，他们最终到达一座无人的大岛，命名为**特立尼达**。随后又发现了帕里亚湾和一条大河的入海口。它就是来自人间伊甸园的**恒河**吗？哥伦布在航海日志上写道：

"从带起的水流量看，**这条河**来自的南方有一片广袤的大地，那是另一个世界。"

几日后，哥伦布匆匆赶回西班牙岛。那里已面目全非。巴托罗米奥将都城南迁至圣多明各。战事激烈。这一次是西班牙人自己的内乱！发动内乱的头目弗朗西斯科·罗尔丹不仅成功拉拢了一部分伊莎贝尔城民，还和瓜里内克斯酋长结盟。

哥伦布耗费一年，采取**谈判**、招降、威慑等诸多手段，才平定叛乱。当时，他不得不与罗尔丹结盟，合力镇压另一股发动内乱的势力，并活捉头目阿德里安·德·莫吉卡。

特立尼达：西印度群岛中第六大岛。

恒河：印度的河流。

这条河：其实是位于南美的奥里诺科河。

谈判：通过协商达成一致。

　　"现在求饶为时已晚。"哥伦布说完这番话，当即宣判其死刑。

　　他命人将阿德里安吊于圣多明各的城墙之上。其余七名造反者也一一被绞死。剩下的人则被囚禁。

　　1500年8月，原已平叛的形势突然逆转。天主教王派来维持殖民地秩序的勋爵弗朗西斯科·博巴迪亚，抵达圣多明各后，趁哥伦布不在，释放囚徒，借以昭显自己的威权。

　　"哥伦布阁下，您终于现身了！我受王命辨明忠奸，现决定将您关押于堡垒内。士兵，上**镣铐**！"

镣铐：在犯人的手腕和脚踝处加上锁链。

哥伦布没有反抗，巴托罗米奥也没有。10 月，他们被带往加的斯港，民众反应强烈，纷纷表示愤慨。哥伦布万万没料到他爵位加身，居然被戴上镣铐："这副镣铐我会一直保留。这就是我多年出生入死的付出所得到的回报！等到上帝召唤我的那一天，我希望将它放进我的棺木！"

11 月，哥伦布受诏前往格拉纳达觐见。两位陛下并不相信弗朗西斯科·博巴迪亚失实的指控，哥伦布重新获取了属于自己的权力。不过，他意识到自身的威望正与日俱减。欧热达、罗德里格·巴斯提达斯先后率领船队前往西印度群岛，他却备受冷落。他不再是前往印度的唯一人选……

西班牙朝廷选派尼古拉斯·德·奥万多取代博巴迪亚，出任总督一职，带领三十艘船、一千五百名新移民前往新大陆。可是，哥伦布不在其中！他已失去了自己发现的大陆！痛苦没让他一蹶不振，他信心满满，打算夺回属于自己的权利！

不久，他获准进行第四次航海，重夺的计划束之高阁。此次航海，他受命只能在新发现的岛屿内活动，且不得进入西班牙岛。

1501 年 5 月 9 日，哥伦布指挥四艘小型帆船自加的斯港出发。哥哥巴托罗米奥与儿子斐迪南多随行。他来到了马提尼诺岛，又从此岛航行自圣多明各。依照王室指令，他不得在圣多明各**靠岸**。哥伦布请人传讯给总督奥万多："海上**飓风**就要到来，我的船队想在此地暂避几日。也请您延迟出航，不要在此刻返回西班牙。"

哥伦布的劝告无人理会，岛上众人皆认为他想找借口上岸。事后证明，他是对的。出海的二十四艘帆船全部沉没，五百余人遇难，博巴迪亚和罗尔丹也在其中！也许这场灾难来自上帝之手？哥伦布在牙买加海岸避难，成功避开飓风袭击。

在接下来的航行中，哥伦布深入**贝拉瓜斯**探查，最终发现了珍贵的金矿！他重回牙买加，在那里待了一年之久，直到获准短暂停留西班牙岛。

靠岸：船靠近河畔或海岸。

飓风：可怕的暴风。

贝拉瓜斯：位于中美洲，现为巴拿马共和国的一部分。

殖民：征服并移民。

即使更换了总督，印第安人依旧生活在水深火热之中。待客热情的安娜卡欧娜女酋长入狱，最后被处以绞刑。大批印第安人被屠杀。**殖民**的邪恶齿轮似乎要碾碎这原来美好的一切！

1504 年 11 月 7 日，哥伦布的最后一次航海就此结束，他抵达了圣卢卡尔·德巴拉梅达。此时，他已垂垂老矣，双目近乎失明。

回塞维利亚后，他花费大量时间口述，令人代写**请愿信**，希望夺回应有的权益。斐迪南国王总是**含糊其辞**。他又给对自己深信不疑的朋友阿梅利戈·维普西写信："亲爱的阿梅利戈，我致信给您，强调我的发现之价值。您曾与阿隆索·德·欧热达一起出海航行……女王过世，我失去一切希望……若您能告知女王是否在遗言中提及相关我的事务，我将感激不尽。"

他又一次失望了：遗言未提及！

他最终被疾病与痛苦击垮，1506 年 5 月 20 日逝世于巴利阿多里德。所有头衔由长子小迭戈继承。

请愿信：写信给上级（这里特指国王）请求获得某项权益。

含糊其辞：不给出明确说法，不解决任何问题。

碑铭：刻在石碑上的文字。

卡斯蒂利亚与莱昂王国：即西班牙。

哥伦布临终前，是否真的知道他发现的大陆是什么？

哥伦布死后，斐迪南国王为他建起一座纪念碑，刻下**碑铭："为卡斯蒂利亚与莱昂王国，哥伦布发现了新大陆。"**

15 世纪的**海上探险**蓬勃发展。哥伦布去世前，阿隆索·德·欧热达、迭戈·德·倪奎萨和阿梅利戈·维普西都曾沿新大陆海岸探险。葡萄牙人绕过非洲到达了印度。只剩环球航行了！

麦哲伦环球航行

塞巴斯蒂安·卡伯特

生于威尼斯的航海家。曾陪同父亲让·卡伯特前往印度。他沿北美海岸航行至哈德逊湾，又先后出海，前往拉普拉塔河与巴拉圭（1525年）。

塞巴斯蒂安·卡伯特（1480？—1557年）

斐迪南·德·麦哲伦

葡萄牙航海家，曾到过印度与非洲。被葡萄牙国王拒绝后，效命于西班牙王夏尔·昆特（查理五世）：他试图穿过南美大陆，前往马六甲海峡。可惜，他对太平洋的宽度估计不足。麦哲伦的航行是航海史上浓墨重彩的一笔！

斐迪南·德·麦哲伦（1480—1521年）

瓦斯科·德·伽马

葡萄牙航海家，1497年11月22日带领四艘船绕过好望角，沿非洲东海岸到达马拉巴海岸（印度）。他打开了印度至葡萄牙的海上贸易航线。

首次环球航行

1519年8月10日，五艘帆船自塞维利亚出海。麦哲伦负责此次远航。船队穿过麦哲伦海峡，历经三个月零二十天抵达菲律宾群岛。麦哲伦于航海途中过世，西班牙人艾尔卡诺率领维多利亚号完成航行。1522年9月6日，这艘船返回西班牙，船上只有最后十八名幸存者。

瓦斯科·德·伽马（1469—1524年）

阿梅利戈·维普西（1454—1512年）

1. 麦哲伦海峡
2. 好望角

"为卡斯蒂利亚与莱昂王国，哥伦布发现了新大陆。"

阿梅利戈·维普西

航海家，出生于佛罗伦萨，1493年与哥伦布相识于巴塞罗那，从此两人一直保持着良好的关系。他曾沿新大陆航行过几次，留下了相关记载。他的游记在欧洲很受欢迎。他的名字"阿梅利戈"被地理学家们选来为新大陆命名——美洲（America）。

关于美洲大发现的记载

克里斯托弗·哥伦布的信

目前记载哥伦布航海经历最珍贵的文献是哥伦布本人的海上日记，日记以第一人称记录，讲述了航行中的种种波折以及沿途感受。他的记载呈现出当时少有的客观性，比如他承认他并没有见到预想中会见到的巨兽。很长时间以来，他的日记都不为人所知（直到 1825 年才整理出版）。人们知道的只有一封他于 1493 年胜利归来后写给路易·德·圣安格尔的信，信的摘要在他回国后即刊行。信长达八页，最初以拉丁语在欧洲流传，后来被译成各国文字。哥伦布在其中披露了大西洋上有很多岛屿，如人间伊甸园，岛上不知名的居民以"自然的状态"生活。

克里斯托弗·哥伦布此人

尽管哥伦布因发现美洲而闻名于世，但他本人却很神秘。了解其生平最重要的资料是他的儿子斐迪南多撰写的《海军元帅哥伦布的一生》，原稿为西班牙文，已散佚。关于哥伦布的出生时间、地点及其家族的情况，斐迪南多语焉不详。据有些文献显示，哥伦布是热那亚人，不过也有一些历史学家称他出生于科西嘉、

1492—1992 年

1992 年美洲大发现五百周年纪念活动中，涌现出大量的作品、访谈与论战，探讨新大陆的发现与征服对原住民产生的影响。

圣人？

19 世纪时，曾试图将他列为圣人，但克里斯托弗·哥伦布从未被称为圣哥伦布！

加泰罗尼亚或加利西亚！

他是否如一些专家所说是犹太人？有可能。目前能确定的是他信奉天主教，有神秘主义倾向。

他的安息之所也存在争议：塞维利亚天主教堂有他的纪念墓地，也有人称他葬于圣多明各天主教堂。

哥伦布与历史

哥伦布生活于中世纪与文艺复兴之交，整个 16 世纪少有人提及。不过，正如查理五世的官方历史学家所说，新大陆的发现被视为"耶稣基督降生以来最重大的事件"。直到 17 世纪才有作家对他的生平事迹产生兴趣（比如，费利克斯 – 洛普·德·维加·卡皮奥的《哥伦布发现新大陆》）。18 世纪至今，无数作品面世，探究哥伦布其人及其改变世界历史进程的大发现带来的一系列影响。

他知道什么？

哥伦布生前是否认为自己去的地方就是亚洲，或者他是否已经意识到那片大陆是不存在于任何地图之上的新世界？

哥伦布与艺术家

无数画家、雕刻家从美洲大发现及航海英雄那里获得创作灵感。电影艺术家们也拍摄过相关影片。

图片来源

18 中：保罗·托斯卡内利地图，14世纪，佛罗伦萨国家图书馆，©斯卡拉
左：K.冯·热斯内的上色版画，©AKG
右下：胡安·德·科萨绘制的《世界西半球地图》，1500，伦敦皇家地理学院，©布里奇曼－吉罗东

19 右下：15世纪祈祷书，《人间伊甸园》，布鲁塞尔王室图书馆，©AKG

30 下：塞维利亚大教堂，©SCOPE/P.加雷纳
中：《十字架上的基督》，木雕，J.马丁内斯·蒙达内创作，15世纪，©因德克斯/布里奇曼－吉罗东

31 中：多明我会主持的火刑仪式，马德里普拉多博物馆，©布里奇曼－吉罗东
右下：大法官托尔克马达画像，15世纪，马德里普拉多博物

馆，©阿尔提图片网/奥罗诺斯

40 上：穆斯林贵族，14世纪，格拉纳达阿尔罕布拉宫，©AKG
下：犹太人，16世纪，马德里，瓦雷·费萨藏品，©阿尔提图片网/奥罗诺斯

41 中：阿拉贡的斐迪南与卡斯蒂利亚的伊莎贝尔，尚蒂伊，孔德博物馆，©布里奇曼－吉罗东
右上：巴布迪尔王的佩剑，16世纪，马德里军事博物馆，©阿尔提图片网/奥罗诺斯
下：罗德里格·阿勒曼雕塑作品《1492年1月2日攻克格拉纳达》，15世纪，托勒多，©AKG

50 左：圣卢卡尔，©科比斯/S.威斯特摩兰
上：克劳迪奥·柯埃洛油画《塞维利亚城与塞维利亚港》，16世纪，马德里美洲博物馆，©阿尔提图片网/奥罗诺斯

59：上：朱里奥·加西亚·孔多依素描《V.平松肖像》，马德里航海博物馆，©AKG

下：洛伦佐·科斯塔木板油画《阿尔戈英雄的大帆船》（局部），帕多瓦城市博物馆，©布里奇曼－吉罗东－阿里纳里

51 下：圣玛利亚号模型，柏林德国历史博物馆，©AKG

58 上：马贝尔·L·赫尔马斯挂毯《哥伦布前往未知世界》，詹姆斯敦－约克城，马贝尔·L·赫尔马斯基金，©AKG
左：阿布·巴卡尔·伊本鲁索夫，星盘，1216年，图卢兹，保罗·杜皮博物馆，©布里奇曼－吉罗东－劳罗
下：《巴黎诗集》（画中一位天文学家手持星盘站在抄写员与推算员中间），1225—1250年，阿森纳图书馆，©布里奇曼－吉罗东－弗拉马里翁

下：基尔兰达约油画《克里斯托弗·哥伦布》，热那亚航海博物馆，©斯卡拉

68 上：海地科特－德费尔地区海滨，©D凯达尔
左：海牛，F.德斯博尔绘，©伽利玛
中：皇家棕榈，F.德斯博尔绘，©伽利玛

69 中：美洲亚马孙鹦鹉，F.德斯博尔德绘，©伽利玛
右：雨林，F.德斯博尔德绘，©伽利玛
下：哥伦布地图，1493年，马德里阿尔伯公爵藏品，©洛伊·南托

80 上：《美洲的象征》，DR；
下：J.怀特画册，1570—1593年，《印第安人如何烤鱼》，伦敦大英博物馆，©AKG
中：木薯根，©J.-B素描，普吕米耶自然历史博物馆

81 上：依据哥伦布的书信描述创作的

《印第安人与食人部落》，1493 年，© AKG

右：泰诺文化，催吐的刮刀，木雕，圣多明各出土，出现于美洲被征服之前，藏于圣多明各，加西亚 - 阿尔瓦多基金会，© AKG

右下：泰诺人仪式中的座椅，权利的象征，木雕，圣多明各出土，出现于美洲被征服之前，藏于圣多明各，多米尼加历史博物馆，© AKG

92 上：《葡萄牙若昂二世之书》，15 世纪微缩图，里斯本国立档案馆，©布里奇曼 - 吉罗东

下《克里斯托弗·哥伦布发现新大陆》，版画，1493 年，伦敦大英博物馆，© AKG

93 上：《多明戈斯·特谢拉地图》，葡萄牙，1573 年，巴黎国家图书馆，© AKG

中：天主教王，石雕，16 世纪，萨拉曼卡大学建筑浮雕，©布

里奇曼 - 吉罗东 - 因德克斯

右下：德国绘画，亚历山大六世博尔吉亚画像，16 世纪初，第戎美术馆，©布里奇曼 - 吉罗东 - 劳罗

104 左上：印第安人使用的箭，16 世纪，©科比斯

右上：J·德尔·热因，《武器的使用：火枪与标枪》，阿姆斯特丹，1608 年，巴黎国家图书馆，©伽利马少年读物分社文献

下：天主教王斐迪南二世之剑，15-16 世纪，格拉纳达，王室礼拜堂，©阿尔提图片网 / 奥罗诺斯

105 上：Th·德·布里版画，《被绞死的安娜卡欧娜》，

下：Th·德·布里版画，《被猎犬攻击的印第安人》，巴黎国家图书馆，©布里奇曼 - 吉罗东

116 中上：（第 5 页与 58 页左上图）巴蒂斯塔·阿涅斯，《航海图》，1546 年，俄罗斯圣彼得堡，

艾尔米塔什博物馆，©阿尔提图片网 / 特列别尼

左下：F. 格力斯里尼素描《塞巴斯蒂安·卡伯特画像》，威尼斯总督府，© AKG

右下：乔瓦尼·德·瓦雷斯壁画《麦哲伦》，16 世纪，法尔奈斯庄园，©布里奇曼 - 吉罗东

117 左下：Th. 德布里《维普西》，纽约公立图书馆，© AKG

右：里苏阿特·德·阿布赫的书，《瓦斯科·德·伽马》，1565 年，纽约皮尔庞特·摩根图书馆，© AKG

118 康拉德·冯·热斯内上色版画，© AKG

119《哥伦布踏上新大陆》（同封面），17 世纪，拉比达修道院，帕洛斯，©达利·奥尔蒂